分寸

高质量
社交
智慧

张国奎 编著

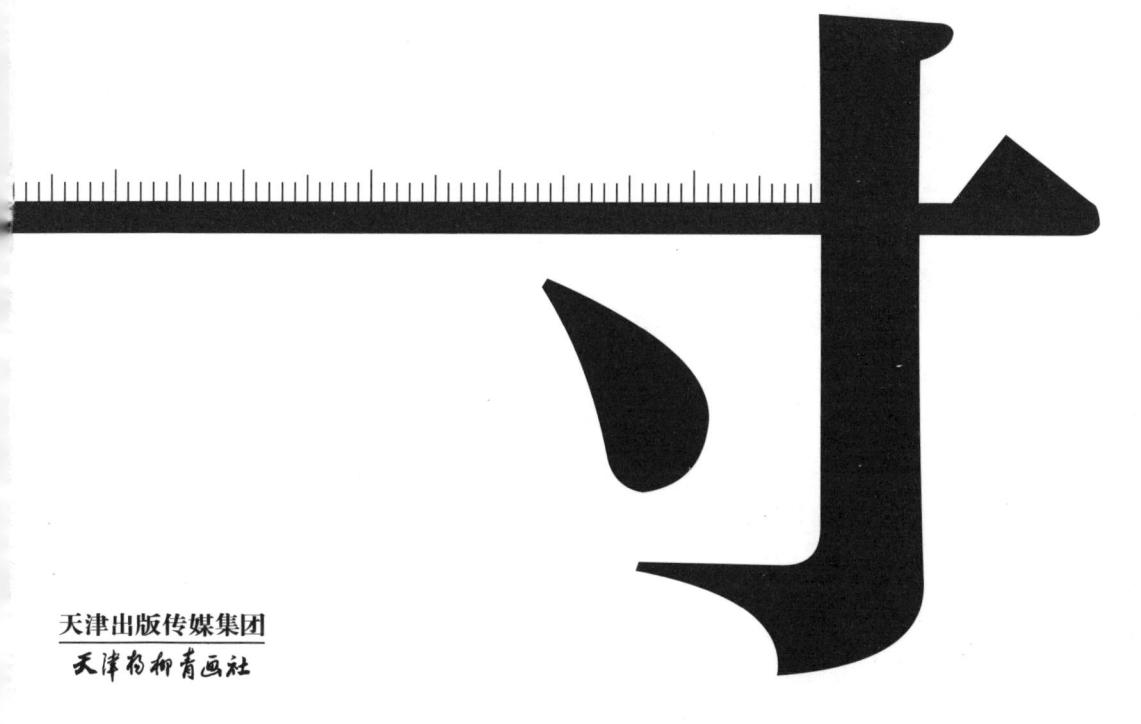

天津出版传媒集团
天津杨柳青画社

图书在版编目（CIP）数据

分寸：高质量社交智慧 / 张国奎编著. -- 天津：天津杨柳青画社，2024. 7. -- ISBN 978-7-5547-1332-7

Ⅰ．C912.11-49

中国国家版本馆 CIP 数据核字第 20246HB742 号

出 版 者：天津杨柳青画社
地　　址：天津市河西区佟楼三合里 111 号
邮政编码：300074

分寸：高质量社交智慧
FENCUN　GAOZHILIANG SHEJIAO ZHIHUI

出 版 人：刘　岳
责任编辑：黄　婷
策划编辑：张金萍
特约编辑：王双双
执行编辑：胡若婵
责任校对：宋晴晴
编辑部电话：（022）28379182
市场营销部电话：（022）28376828　28374517　28376928　28376998
传　　真：（022）28376968
邮购部电话：（022）28350624
印　　刷：优奇仕印刷河北有限公司
开　　本：1/16　700mm×980mm
印　　张：8
版　　次：2024年7月第1版
印　　次：2024年7月第1次印刷
书　　号：ISBN 978-7-5547-1332-7
定　　价：59.80元

前言 PREFACE

在这个充满机遇与挑战的时代，在这个纷繁复杂、瞬息万变的社会，每个人都在为实现自己的梦想而努力奋斗。在这个过程中，我们要明白一个道理：想要获得成功，并不是一蹴而就的事情，需要我们在生活中把握好"分寸"，理解事物背后的底层逻辑，运用智慧去突破阶层限制，最终实现人生的跨越。

什么是"分寸"？这个词是指在与他人相处时，懂得把握尺度、拿捏好分寸的能力。它是一种内在的修养，一种对他人的尊重，也是一种自我保护的方式。正如一句为人熟知的话："凡事都有一个尺度，超过这个度，好事也会变成坏事。"

本书聚焦于如何把握好人生中的"分寸"这一古老智慧，围绕做人、处世、做事、说话、职场、亲密关系等六个方面进行了解读。书中有观点、有原理、有方法、有实例、有应用场景，涵盖了现代人接触的方方面面，并通过生动有趣的漫画形式，让大家能够迅速掌握做事、成事的思维框架，更加深刻地理解分寸的重要性，并从中汲取智慧，从而打破社交焦虑，突破社交痛点，跨越社交圈层。

希望每一位朋友都能在生活中找到属于自己的那份分寸感，活出精彩的人生！

目 录
CONTENTS

第 1 章　做人懂分寸：大智若愚才是人生大智慧　　1

自己有边界，别人就不会越界　　2
清醒通透，小事糊涂，大事清醒　　6
做好分内事，不多管他人闲事　　10
要"懂事"，也要敢于表达　　14
藏起锋芒，低调中见高明　　18

第 2 章　处世有分寸：心有所畏才能有所为　　21

过刚易折，有一种成熟叫"低头"　　22
优越感可以有，但不轻易外秀　　26
做好自己，别拿情分当本分　　30
以和为贵，用宽容化纷争　　34
不伤和气，说话办事给人留余地　　38

第3章 做事讲分寸：知进退才能走得更远 　　41

灵活应变，顺势而为 　　42
及时止损，不被沉没成本消耗 　　46
别太紧绷，有分寸的松弛感更自在 　　50
心软有度，会拒绝，不让自己为难 　　54
放过别人，也是放过自己 　　58

第4章 说话知分寸：好好说话就是情商高 　　61

把握尺度，过头的玩笑会伤人 　　62
善于倾听，别急着发表自己的意见 　　66
点到为止，话说一半留一半 　　70
学会接话，不做话题终结者 　　74
口下留情，别专挑对方的痛处戳 　　78

第5章 同事有分寸：点到为止，职场越走越顺　81

关心有分寸，比"自来熟"更讨喜　82
不做"烂好人"，建立自己的边界　86
不做超出自己能力范围的事　90
与其讨好别人，不如坚守自己　94
别把自己当成"救世主"　98

第6章 亲人讲分寸：允许家人做"别人"　101

爱和关心要有度，别费力不讨好　102
"我都是为你好"，也可以听听　106
主客关系理清，高情商处理婆媳矛盾　110
夫妻亲密有"间"，感情才能"保鲜"　114
允许孩子表达自己内心真实的想法　118

保持一定的距离，既温暖又不会扎伤对方。

第1章 做人懂分寸：
大智若愚才是人生大智慧

分寸　高质量社交智慧

自己有边界，别人就不会越界

在纷繁复杂的社会里，每个人都有自己的"领地"，那就是我们的个人边界。然而，有些人似乎并不懂得尊重他人的边界，总是试图越界干涉他人的生活。面对这种情况，我们常常感到无奈和困惑，不知道该如何应对。

委婉地拒绝别人，如果力度不够就难以维护自己的边界；强硬地回怼，又容易伤害到双方的情感。在维护自己的边界与呵护双方的情感之间，该如何拿捏分寸呢？

■ 明确边界，守护自我

很多时候，我们的边界之所以被侵犯，是因为我们自己对此没有

小伙子，你这个位置不错，我想在你这练，你换个位置！

凭什么，先来后到懂不懂？

明确的界限。我们总是默许、忍让，希望别人能够自觉，但结果往往适得其反。因此，我们要勇敢地设定界限，明确告诉他人哪些是可以做的，哪些是不可以做的。

就像生活中，当我们正忙着做自己的事情时，别人突然来打扰，我们要勇敢地拒绝对方。若含糊其词，只会让对方觉得我们还有商量的余地，从而得寸进尺。

用幽默化解冲突

有时候，幽默是一种更为巧妙的化解冲突的方式。它不仅能够缓解紧张的气氛，还能够让我们在轻松愉快的氛围中解决问题。

在社交场合中，当别人不小心问及我们的隐私时，我们可以用轻松的口吻表达自己的不满。我们可以笑着说："嘿，你这个问题有点深入啊！我觉得我们还是聊聊天气或者美食吧！"这样一句幽默

两位女士能否赏脸让我也加入你们的聊天？

抱歉，我们正在聊一些私密的事，你恐怕不适合当"小耳朵"哟！

分寸　高质量社交智慧

的回应，既能够保护自己的隐私，又能够避免尴尬的气氛。

■ 适度反击，展现底线

在人际交往中，我们难免会遇到那些试图挑战我们底线的人。面对这种情况，我们不能一味地忍让和退缩，要勇敢地站出来表达自己的不满和愤怒。当然，这里的反击并不是指暴力或恶言相向，而是以理服人。在表达自己的立场和态度的同时，我们也要考虑对方的感受，避免引发更大的矛盾和冲突。

在职场中，当某个同事打算将不属于我们的工作推给我们时，我们就应该果断拒绝他的要求。我们可以说："这些工作并不在我的职责范围内，请你找更合适的人来处理。"同时，我们也可以向领导反映这种情况，寻求他们的支持和帮助。

小李，你帮我把这份文件做成电子版。

这不属于我的工作范围，您应该去找小赵。

边界不是隔离，是尊重

每个人都有自己的个人空间和隐私，这些都需要被尊重和保护。边界感的存在并不是要将自己与他人隔绝开来，而是要在保持个人独立性的同时，与他人建立良好的互动关系。同时，尊重自己的边界，也意味着要尊重他人的边界，我们不应该随意侵入他人的领地，也不应该无视他人的感受和需求。

当我们尊重他人的边界时，实际上也在传递一种信息：我们尊重他们的个性和独立性，愿意与他们建立平等、互相尊重的关系。

分寸　高质量社交智慧

清醒通透，小事糊涂，大事清醒

生活中，我们总会遇到一些鸡毛蒜皮的小事，虽然它们微不足道，却常常让我们陷入纠结和烦恼中。当我们面临重大抉择时，常常因缺乏清醒的判断而迷失方向。

然而，真正的聪明人，他们懂得在小事上装糊涂，在大事上保持清醒。他们明白，过于精明只会让人疲惫，而活得简单、想得少，才能轻松前行。同时，他们在大事上又能保持清醒的头脑，不被外界干扰所迷惑，做出明智的决策。

■ 小事上，揣着明白装糊涂

生活中，很多小事其实并不值得我们花费太多时间和精力去计

较。如果我们总是斤斤计较，不仅会让自己疲惫不堪，还会影响与他人的关系。真正清醒的人，往往活得比较"佛系"，他们对小事总是毫不在意，显得糊里糊涂。但实际上，他们对一切都有自己的判断和看法。

■ 聪明的人往往更低调

真正的聪明人，他们做事往往都很低调，不会过于显露自己的锋芒，堪称大智若愚。他们能够看清自己的能力、优势及缺点，善于学习和思考。他们还知道，过于张扬只会引来不必要的麻烦。

人际交往中，他们往往会选择低调行事，不轻易展示自己的才华和能力。他们懂得倾听他人的意见，尊重他人的想法，而不是一味地强调自己的观点。在职场中，那些锋芒毕露的人，往往会遭到嫉妒、不满甚至排挤。

分寸　高质量社交智慧

■ 大事上，保持清醒不糊涂

在面临重大抉择时，我们必须保持清醒的头脑，冷静地分析利弊得失，不要被眼前的利益迷惑，也不要因为一些琐事影响自己的判断。我们应该考虑长远的影响和后果，做出最明智的决策。

例如，在职业规划上，我们不能盲目跟风，而是要结合自己的兴趣和能力来做出选择。清醒通透的人会认真分析各种因素，权衡利弊，从而找到最适合自己的职业道路。

■ 通透看世界，糊涂过生活

清醒通透的人能够以一种超然的态度看世界，他们不会被琐事

困扰，也不会被情绪左右。他们清楚，生活中的许多事情都是短暂的、无常的，因此，他们能够"糊涂"地活——以平和的心态面对生活的起伏变化，不会过分纠结于一些琐事。

这种"糊涂"并不意味着对他人就要冷漠和疏离。相反，"糊涂"的人懂得如何在忙碌的生活中找到平衡，不被欲望和杂念困扰，将精力集中在自己的工作或喜好上，以一颗单纯的、坚定的心去面对自己的梦想或目标。

分寸　高质量社交智慧

做好分内事，不多管他人闲事

生活中，每个人都有自己的职责和角色，做好分内之事，是为人处世的基本原则。然而，有些人却常常逾越界限，喜欢管他人闲事，不仅给自己增加了麻烦，还可能给他人带去不必要的困扰。

有时候，我们为了给人留下好印象，或者单纯地出于助人之心，会"乐于助人"，殊不知，别人可能并不需要我们的帮助。那么，如何才能把握好分寸，既能做好自己的分内事，又不干涉他人的私事呢？

■ 有一种礼貌叫"少管闲事"

尊重是人际交往的基石，我们首先要学会尊重他人的选择和决

> 你看你这么瘦弱，这得吃肉啊！是不是怕胖呀？

> 她不吃肯定有她的理由，你不要多管闲事！

> 我最近在吃中药调理身体，不能吃肉。

定。每个人都有自己的生活方式和处事原则，我们不应该以自己的标准去评判他人，更不应该干涉他人的选择。

例如，在朋友聚会上，有人选择吃素或是不喝酒时，我们不必追问原因，更不应试图说服他们改变，而是要尊重他们的选择，让他们感受到我们的理解和支持。

■ 不要擅自"乐于助人"

乐于助人是一种美德，但如果我们不了解对方的需求就盲目提供帮助，可能会好心办坏事。如果我们自以为是地插手他人的事情，很可能会打乱对方的计划，甚至给他人带去不必要的麻烦。

在帮助别人之前，我们应该先了解对方的需求和意愿，避免自以为是地做出决定。比如，当同事面临困难时，我们可以主动询问他们是否需要帮助，而不是擅自替他们做决定或接手工作。

分寸　高质量社交智慧

■ **关系再好，也不能干涉他人私事**

每个人都有自己的隐私和秘密，尊重他人隐私是最基本的社交礼仪，谁也不能随意打听或传播他人的私事。朋友对我们吐露的心事或秘密，我们应该守口如瓶。无意间听到的他人的八卦或秘密，我们更不能随意传播或评论。

例如，我们在公司无意间听到关于领导或同事的八卦时，应该保持沉默，不要参与讨论或传播，更不要以此为把柄去干涉对方的生活。

■ **量力而行，不要"打肿脸充胖子"**

做好分内之事是我们的义务，同时我们也要衡量自己的能力，不要"打肿脸充胖子"，承担超出自己能力范围的事情。这样既不会影响自己的工作或生活，也能避免给他人带来不必要的压力。我们应该珍惜有限且宝贵的时间和精力，关注自己的事情，丰盈自己的精神，去做值得做的事，去爱值得爱的人。

例如，在工作上，我们要根据自己的能力承担相应的任务，而不是一味地追求完美或大包大揽。这样既能保证工作效率，也能让自己有时间和精力去做自己喜欢的事情。

分寸　高质量社交智慧

要"懂事"，也要敢于表达

我们常常被教育要懂事、要为他人着想。似乎只有压抑自己的需求才能换来他人的认可和尊重。然而，现实往往并非如此，过于懂事的人往往被忽视，而那些"会哭的孩子"——敢于表达自己的需求和不满的人，却能得到更多的关注和资源。

■ "会哭"很重要

"会哭"并不是要我们故意制造麻烦或无理取闹，而是在适当的时候，勇敢地为自己发声。有时候，我们过于懂事，习惯性地隐藏自己的真实感受和需求，以致别人无法理解我们的付出、牺牲以及内心的想法。

例如，在工作中，如果我们发现自己的付出没有得到相应的回报，我们可以适当地向上级反映自己的情况，争取自己应有的权益。

■ 敢于表达的人机会更多

在表达自己的需求或想法时，我们需要注意表达的方式和态度。我们不能无理取闹或故意制造矛盾，而要以理服人，用事实和数据来支持自己的观点。敢于提出自己的需求，不仅能够帮助我们赢得更多的机会，还能让他人更加了解我们，从而建立更加深入的关系。

例如，在和恋爱对象相处时，对方往往会要求我们付出更多的时间和精力陪伴，但我们可能有自己的计划或安排，这时候，也要勇于说出自己的想法。

分寸　高质量社交智慧

■ 适度"卖惨"，赢得支持

在某些情境下，我们适度地示弱或"卖惨"，反而能激发他人的同情心和保护欲，从而为我们赢得更多的支持和帮助。但这里的"卖惨"并不是无理取闹或故意装可怜，而是以一种柔和、真诚的方式表达自己的需求和感受。

例如，当我们忙碌了一天回到家，想让伴侣帮我们分担一些家务时，可以将我们疲惫的状态完全表现出来"卖惨"，这样往往比直接命令或指责更能达到目的。

> 亲爱的，我今天好累啊，要不你来做饭吧！

> 行，你先休息会儿，我去做饭。

■ 懂事，也懂沟通技巧

懂事是一种美德，它让我们更好地理解他人、尊重他人。然而，过度的懂事却可能让我们失去自我、失去尊严。追求懂事，不应该压抑自己的真实感受和需求，应该在理解他人的基础上，以更加成熟和理智的方式处理问题。

我们要学会用智慧去处理人际关系中的各种问题。在表达不满或提出需求时，我们可以使用一些沟通技巧和策略，让自己的言辞更加有力、更加有效。这样，我们才能在人际交往中游刃有余、左右逢源。

分寸　高质量社交智慧

藏起锋芒，低调中见高明

每个人都想成为焦点，都想展现自己的才华。然而，真正的智者却懂得藏起锋芒，以低调的姿态隐身于世，于无声中绽放光彩。他们深知，高调只会引来嫉妒和敌意，正所谓"木秀于林，风必摧之；堆出于岸，流必湍之；行高于人，众必非之"。低调则能让自己更接地气、更加从容自在。

低调并不意味着平庸，相反，它是一种高明的处世之道。低调行事不仅能让我们避免不必要的麻烦，还有助于更好地观察、学习和进步。那么，该如何藏起自己的锋芒，成为一个低调的聪明人呢？

■ 藏锋守拙，静待时机

锋芒毕露的人往往容易成为众矢之的，真正的高手都懂得收敛

> 我这个方案肯定没问题！

> 她这个方案有一些不足……

锋芒、静待时机。他们往往选择低调行事、暗中观察、静待时机，让自己在关键时刻一鸣惊人。

例如，在加入一个新团队时，我们不宜急于展示自己的能力，而是应该先静静地观察其他成员，了解他们的能力以及想法。当我们对所有人有一个大致的了解后，再慢慢展示自己。

暴露弱点，以退为进

在人际交往中，适当地暴露自己的弱点，不仅能让别人感受到我们的真诚，还能让我们在需要帮助时得到更多的支持。示弱并不代表我们弱小，这是一种以退为进的策略，能让我们赢得他人的信任和尊重。

例如，当我们在工作中遇到难题时，主动向同事请教，并承认

分寸　高质量社交智慧

自己的不足。这样不仅可以体现我们的谦逊，还能拉近与同事之间的关系，从而获得更多的学习机会。

■ 会赞美他人是一种才华

赞美是一种强大的力量，它能让别人感受到我们的尊重和认可。在人际交往中保持较低的姿态，并时常赞美和认同他人，不仅能展现我们的智慧和修养、增进彼此的感情，还能让我们在人际交往中更加得心应手。

例如，在日常生活中，我们可以多关注他人的优点和长处，及时给予赞美和肯定。这样可以让我们获得良好的人缘，当我们遇到困难时，别人也更愿意伸出援手。

第2章 处世有分寸：心有所畏才能有所为

分寸　高质量社交智慧

过刚易折，有一种成熟叫"低头"

在这个竞争激烈的社会里，我们常常被教导："人不可无刚，无刚则不能自立""要坚强不屈，勇往直前"，仿佛只有如此才能立足于社会。然而，也有很多现实的例子告诉我们：过于刚强的人往往容易招来失败和祸患。有时候，适当地"软"下来，反而能让我们立于不败之地。在与人交际时，针尖对麦芒往往只会两败俱伤，真正成熟的人不会选择一味地硬碰硬，而是懂得适当低头，用"柔"的方式化解冲突。

■ **过刚易折，柔则保身**

如果我们过于坚持自己的立场和观点，不愿意妥协和退让，不

> 明明就是你的数据错了，你凭什么说我不对！

> 你以为你是谁啊，凭什么你讲的就是对的？

仅容易让人心生反感，还容易引起不必要的冲突。柔软的事物往往具有更强的韧性，柔和的态度有助于我们赢得他人的尊重和信任，从而帮助我们建立良好的人际关系。

当我们与同事产生争执时，如果我们选择强硬到底，不仅会让矛盾激化，还可能影响到同事间的关系。因此，在适当的时候低头、接受他人的意见和建议，是一种更为明智的选择。

■ 以柔克刚，化解冲突

生活中，我们难免会遇到一些无理取闹的人，面对这些人的挑衅和攻击，如果我们选择以硬碰硬的方式回应，那么很可能会让矛盾激化。这时候，我们不如用"柔"的方式去处理，巧妙地化解冲突，让事情得到解决。

例如，在公共场合，我们有时会遇到一些蛮不讲理的人。为了

分寸　高质量社交智慧

避免无意义的争吵，我们可以稍稍"低头"，用平和的语气和他们沟通，以达到化解问题的目的。

■ 低头不是软弱，是策略和智慧

低头并不是软弱，而是一种策略和智慧。在适当的时候低头可以让我们避免不必要的麻烦，也能让我们获得更多的尊重和机会。

在与人交往的过程中，我们需要根据具体情况来判断何时低头。例如，在商务谈判中，面对客户提出的难以接受的要求时，如果我们不肯让步，那么谈判往往会陷入僵局。如果我们选择低头，做出一些合理的让步，以此促成合作，往往就能实现共赢。

■ 学会低头是成熟的标志

学会低头,是一种成熟的处世哲学。它代表着我们能够超越自我,看到更广阔的世界。低头不是屈服,而是一种对人际关系的深刻理解。当我们能够放下自我,用更加宽容和理解的心态去面对世界时,我们就会发现,生活中的许多难题都不再是难题。

适当的低头,可以让我们更好地保护自己,也可以让我们更好地与他人相处。例如,在家庭中,我们可能会因为一些琐事和父母产生分歧。此时,如果我们选择低头,以平和的心态和父母沟通,不仅有利于解决问题,家庭氛围也会更加和谐。

分寸　高质量社交智慧

优越感可以有，但不轻易外秀

　　成功的喜悦如同夏日的冰淇淋，让人心情愉悦，但如果不加节制地大肆炫耀，很快就会融化成一摊，变得毫无魅力。每个人或多或少都会取得一些成就，并从中产生优越感。这是一种自我肯定、自我激励，也是一种积极乐观的价值取向。

　　然而，我们必须清楚，最难的事不是获得成功，而是在取得成功后依旧保持一颗谦逊之心。因此，学会控制我们的情绪，即使有优越感也不轻易外秀，在得意之时保持低调，以平常心看待成功，才是为人处世的高明之处。

■ 真正的成功是坦然面对成就

　　真正的成功，不在于我们取得了多少成就，而在于我们如何面

> 这个奖杯应该属于团队的每一位成员，是你们让我站在这里！

对这些成就。

不要停留在短暂的辉煌中，而要将成就转化为自我提升的动力，同时保持谦逊，从而赢得他人的尊重，避免不必要的嫉妒和敌意。例如，当我们在工作中取得了好成绩，获得了领导的表扬时，我们应该感谢领导和同事的支持，而不是吹嘘自己的贡献。

越是成功的人，就越懂得感恩

当我们取得成就时，与他人分享喜悦很正常，但在分享的过程中，我们不能忘记感谢那些在背后支持我们的人。同时，我们也要学会欣赏他人的优点，不要因为自己的优越感而忽略了他人的价值。这样的态度不仅能够赢得他人的尊重和友谊，还能够让我们在成功的道路上走得更加稳健。

例如，在得知自己晋升的消息时，我们可以宴请那些曾经给予

分寸　高质量社交智慧

我们帮助和指导的人，表达我们的感激之情。

■ 保持低调，避免树大招风

在职场中，与同事的日常交流不可避免，尤其是当我们取得了一些成绩后，很容易陷入想要与他人分享的喜悦之中。然而，我们需要明白，职场是一个特殊的社交场合，不适宜的分享可能会让同事感到不悦，甚至可能被视为炫耀和挑衅。因此，保持低调，不过分张扬，像往常一样与同事相处，是一种明智的自我保护。

例如，我们在工作中取得了一些成绩后，在与同事的日常交流中，我们应该尽量避免提及自己的成绩，要保持低调，像往常一样与同事相处。

■ 以平常心看待成功，保持理智

成功只是我们人生旅途中的一站，它并不代表我们的全部，我们不该因此骄傲、自满，而应该以平常的心态来对待每一次成功，不被其冲昏头脑，将其视为新的起点，继续前行。

当我们取得某项阶段性的成功后，不应该沾沾自喜，而要保持冷静，回顾整个过程中的付出与努力，寻找自己的不足和需要改进的地方。

此外，我们也要认识到：成功不是终点，而是一个新的起点。我们应该将每一次的成功作为继续前进的动力，继续追求更高的目标。只有这样，我们才能在人生的道路上不断进步，实现自己的梦想和价值。

分寸　高质量社交智慧

做好自己，别拿情分当本分

"你不是会设计吗？帮我做个logo（标识）吧！""我们是朋友，你就应该帮我这个忙！"这样的话语你是否耳熟能详？在人际交往中，总有人将情分与本分混为一谈，将他人的帮助视为理所当然，要求别人为自己无休止地付出……其实，情分是人与人之间的情感纽带，而本分则是我们应尽的责任和义务。我们必须区分好情分和本分，不能将情分视作满足自己私欲的工具，同时做好自己分内之事，这样才能建立起和谐的人际关系。

■ 戒掉一切不必要的依赖

真正的情分，是建立在相互尊重和理解的基础上的，而不是单

方面的索取和压榨。我们每个人都有自己的责任和义务，不能总是期待他人的帮助。过度依赖他人，不仅会消耗彼此间的情分，还会让我们失去独立性和自主性。正所谓：君子务本，本立而道生。只有自己有本事，才能真正立足于社会。

例如，当我们遇到一些困难时，我们应该先尝试自己解决，而不是立刻寻求他人的帮助。通过独立思考和解决问题，我们能够提升自己的能力，也能够赢得他人的尊重和信任。

■ 学会感恩，但不被情分"绑架"

感恩是一种美德，但感恩并不意味着我们要被情分所困。我们应该感激他人的帮助，同时也要保持自己独立思考的能力和判断力。

当别人因情分而帮助我们时，我们应该真诚地表达感谢。但如果对方试图用情分来"绑架"我们，提出一些不合理的要求时，我们应该大胆地拒绝。例如，当同事以关系好为由，要求我们在非工

作时间帮忙处理他的工作事务时,我们就该坚定地拒绝,并提醒对方"这不是自己的义务"。

■ 不给人添麻烦是最高级的修养

在与人相处时,我们应该时刻保持分寸感,不要因为自己的私欲而给别人添麻烦。每个人都有自己的生活和工作,我们不能总是指望通过他人的帮助来满足自己的需求。另外,如果我们的某些行为在无意中给别人带来了麻烦,那我们应该主动帮助对方善后,尽量减轻对方的负担。

例如,当朋友邀请我们去他家做客时,为了避免给对方带来麻烦,我们可以提出一起去餐厅就餐的建议。即使我们答应去朋友家做客,也应该主动帮忙清理就餐产生的垃圾等。

■ 做好自己的同时，尊重他人的边界

每个人都有自己的责任和义务，做好自己的分内之事，承担自己的责任，是为人处世的原则之一。而且，做好自己的同时，我们也要尊重他人的感受和边界。

我们不应该干涉他人的生活或工作，也不应该将自己的意愿强加给他人。当我们向他人求助时，如果对方拒绝了我们的请求，我们应该尊重他们的决定，不要纠缠不休。毕竟每个人都有自己的工作任务和生活节奏，我们不能强求他人按照我们的意愿行事。

当我们正在处理某项复杂的工作，向别人求助却遭到拒绝时，我们不应该纠缠对方，而是想办法独立完成工作，毕竟别人也有自己的工作任务。

分寸　高质量社交智慧

以和为贵，用宽容化纷争

"你怎么又迟到了，还想不想干了？""这么简单的事都做不好，你到底有没有用心？"在日常的工作与生活中，我们难免会遇到让人火冒三丈的事情。然而，愤怒和指责不但不能解决问题，反而可能会激化矛盾。

中华文化素来强调以和为贵，用宽容的心态去面对纷争、化解冲突，这才是为人处世应该秉持的正确态度。那么该如何在保持个人立场的同时，还能展现出宽容与大度，进而化解纷争呢？

■ 小事化无，和字当先

生活中的琐碎小事，如同鞋里的沙砾。如果我们愿意将其抖落，

没关系，难免的事，别那么紧张。

对不起，我没站稳，踩了你的脚。

·34·

它就不值一提；但如果我们抓住不放，与它较劲，它就会让我们举步维艰。对于这些小摩擦，我们应该让它随风而去。这并不是说我们应该忽视生活中的小问题，而是要学会以一种更加成熟和理智的态度去面对它们。

我们可以冷静地分析，然后快速地解决它，不要让它占据我们太多的时间和精力。比如，在拥挤的地铁里，如果我们不小心踩到了他人的脚，一句简单的"对不起"往往就能避免一场纷争。

■ 换位思考，宽以待人

在遇到问题时，我们应该学会换位思考，理解他人的难处和不易。当我们能够站在对方的角度去考虑问题时，就能更加宽容地对待他人的过失。

比如，在朋友聚会时，有人因为迟到而让大家等待，其实他可能只是因为堵车或者遇到了其他突发情况才来晚。这时我们不该责

没事没事，我们也都刚到。

真抱歉，我因为堵车来晚了。

分寸　高质量社交智慧

怪他，说一句"堵车挺烦心的吧，赶紧坐下歇会儿！"往往就能消除大家的负面情绪。

■ 冷静处理，避免冲突

宽容并不意味着对问题视而不见，而是在理解的基础上寻求解决问题的机会。面对冲突和分歧时，我们必须保持冷静，用理智去化解矛盾。心浮气躁、争执不休只会让事情变得更难解决。

不管是我们想要和别人争吵，还是别人向我们大发雷霆，我们都要努力让彼此冷静下来，然后进行讨论，这样才有可能解决问题。例如，当我们与别人产生分歧、气氛焦灼时，我们可以主动提出"休战"，等彼此冷静下来后再交换观点。

▍控制情绪，远离愤怒

控制情绪，一直是我们在日常生活中需要不断修炼的重要课题。愤怒往往会让我们失去理智，做出错误的决定，从而引发一系列不必要的麻烦。因此，学会控制情绪、远离愤怒，对我们的人生和人际关系都至关重要。

控制情绪并不是一件容易的事情，但它是我们成长过程中不可或缺的一环。当我们遭遇不公正的对待时，愤怒的情绪往往会迅速占据我们的心头。然而，越是在这样的时刻，我们越要保持冷静和理智。

例如，面对不公正的待遇，我们应该先冷静地分析情况，寻找合理的解决办法，而不是冲动地发泄怒火，导致冲突升级。

分寸　高质量社交智慧

不伤和气，说话办事给人留余地

生活中，总有人喜欢以自己的标准去衡量他人，不留余地地指责或是批评他人。他们为了一时的得失，不惜与人争执不休，甚至撕破脸皮。这样做的结果，往往是既伤了和气，又断了后路，让自己陷入孤立无援的境地。

因此，在人际交往中，我们要学会审时度势，适当地给人留余地，这不仅是对他人的尊重，也是给自己留出天地。那么，该如何在维护自身利益的同时，又能给他人留下足够的余地呢？

■ 维护关系最好的方式：倾听

在人际交往中，我们往往习惯于表达自己的观点，而忽视了他

你的方案很有创意，我认为这里如果能再深入一些会更好。

你说得没错，谢谢你的提醒啊！小西，你也提提建议啊！

那我也说说！

人的意见。这样做不仅容易让别人觉得我们不够尊重他们，还可能会引发矛盾。因此，我们要学会倾听他人的意见，尊重他们的想法。即使我们不同意对方的观点，也要保持冷静和礼貌，用平和的语气进行交流，不要直接批评对方的不足。

例如，在团队讨论中，当有人提出与我们不同的看法时，我们不要急于反驳，而要先肯定对方的努力或想法，再提出我们的建议。

真诚是永远的"必杀技"

有一句网络流行语：真诚是永远的"必杀技"。的确如此，真诚是人际交往中的润滑油。如果我们能保持真诚的态度去与人交流，虚心向他人学习，适度赞美他人，不仅能够赢得他人的尊重，还有利于我们的进步。

例如，会议上，领导正在发表自己的看法，如果是长篇大论、

> 我们一定要认真工作，努力打拼，时不我待啊！

> 领导，您看会议进行已经快一个小时了，您还没听我们汇报工作进展情况呢！接下来我们一起看看马上要参展的防水项目方案吧！

分寸　高质量社交智慧

讲个没完，我们则可以找机会提醒领导还有比较要紧的工作需要处理。可以在领导说完一句话后停顿时这样说："领导，您说得我们都记住了！目前咱们有一本书着急下印，您看在哪个印刷厂印刷比较合适呢？"这样既不会伤领导面子，又以真诚的态度将话题引到了具体的工作上。

忍一时风平浪静，退一步海阔天空

在人际交往中，矛盾冲突难以避免。然而，有时候适当地退让不仅能够缓解紧张的气氛，还能体现我们的宽容和修养。退让并不是软弱或认输，而是一种智慧和策略。通过退让，我们可以避免让事态进一步恶化，为自己和他人留下更多的余地。

例如，当我们与亲人发生争执时，我们可以选择暂时保持沉默，等双方情绪稳定后再进行沟通。这样做既能避免争吵升级，还能让彼此有更多的时间和空间去冷静思考。

我明白您的苦心，吃完饭再聊好不好？

你都28了，到底准备什么时候结婚？还嫌我说得不够多吗？

第3章 做事讲分寸：知进退才能走得更远

分寸　高质量社交智慧

灵活应变，顺势而为

"你总是这样，一点都不知道变通！""我就是这样，原则问题不能妥协！"生活中，这样的对话屡见不鲜。有些人固执己见，总是一条道走到黑，结果往往碰得头破血流。而那些懂得随机应变、顺势而为的人，则能在人际交往中游刃有余，轻松应对各种局面。

坚持原则固然重要，但我们也要学会灵活应变、顺势而为，在人际交往中赢得尊重和理解，让做事的过程更简单、容易。那么，我们该如何在坚持原则的同时，保持灵活和圆润呢？

■ 讲究原则，也要灵活变通

在坚持原则的同时，我们也要学会根据实际情况灵活处理问题。

我的方案更稳妥！

你这个方案太老套了，我们需要新意！

领导，这是我们组的新方案，或许更符合您的需求。

这并不意味着放弃原则，而是在原则的基础上，寻找更加合适的解决方案。过于坚持己见，往往会使我们错失良机，甚至陷入困境。因此，我们应该保持开放的心态，随时准备调整自己的策略和计划。

例如，当我们的工作计划因为突发事件需要调整时，我们不应该过于执着于原来的计划，而是应迅速调整思路，制订新的方案。

逆流而上不如顺势而为

在做事过程中，顺势而为往往比逆流而上更容易取得成功。当我们遇到困难和挑战时，不妨先观察形势，找到对自己有利的因素或机会，然后借势发力，一举突破。学会顺势而为，不仅有利于突破困境，还能够展现出我们的机智和格局。

比如，在团队项目中，我们可能会遇到一些意见不合的队友。这时，我们可以尝试站在他们的角度思考问题，理解他们的需求和

分寸　高质量社交智慧

顾虑，然后提出既能满足团队目标又能兼顾个人利益的解决方案。

■ 思维不固化，才能千变万化

面对千变万化的困难和挑战，传统的思维模式可能无法有效解决，在这种情况下，我们不应该局限于传统的思维模式，而应该尝试变通思维，从不同角度和新的视野看待问题，从而找到独特且有效解决问题的思维方式。

平时的生活和工作中，我们应该尝试多种思维方式，或者借鉴其他领域的经验和方法。并且，我们也不应该局限于书本知识，而应该多进行实践、多与他人交流，以拓宽自己的思维视野。

例如，当某种传统的销售模式越来越不受欢迎时，我们可以尝试一些新兴的销售模式。

■ 应变有度，不失原则

灵活应变并不意味着毫无原则地妥协和退让。在保持灵活性的同时，我们也要坚守自己的底线和原则。坚守底线和原则，实际上是我们对外界展示自己的独立性和尊严的方式。这需要我们适当地展现出我们的坚定和执着，同时也要在复杂的情境中保持清醒，积极寻找解决问题的方法，从而赢得他们的信任和尊重。

例如，在工作中，当我们的观点遭到他人的反驳时，我们应该认真倾听对方的意见，在肯定对方的基础上提出一个更优的方案。

分寸　高质量社交智慧

及时止损，不被沉没成本消耗

"我已经在这个项目上投入了这么多心血，现在放弃？那之前的心血不是白费了吗？"在这个快节奏的社会中，我们总是被告知要坚持不懈，但有时候，坚持并不意味着胜利，反而可能是一种自我束缚。

假如我们面对的是一个无底洞，继续投入只会让我们越陷越深。那么，我们是否应该勇敢地选择放弃，去寻找新的可能性呢？是否应该在坚持与放弃之间做出明智的选择，既不让自己后悔，也不让过去的努力成为未来的负担呢？

■ 识别沉没成本，勇敢断舍离

账户干瘪，库房爆仓，凛冬将至啊！

我们必须停止这个项目了，不能再白白浪费资源了。

沉没成本不是真的成本，它无法再为我们带来任何实质性的回报。因此，我们需要学会识别它，勇敢地与之断舍离。不论是学习、事业，还是感情，当一项投资或决策已经明显无法达到预期时，我们就应该果断放弃，避免进一步的损失。

例如，在创业过程中，如果发现某个项目前景黯淡，持续投入只会让亏损越来越大。这时，我们应该及时止损，将资源投入更有潜力的项目中。

■ 放弃是一种新的开始

放弃并不意味着失败，而是一个新的开始。当我们决定放弃某件事后，也就为自己带来了新的可能性。此时，我们可以重新评估自己的兴趣、能力、市场需求等，寻找新的奋斗方向。生活总是充满变数，只有灵活应变，学会放弃，才能顺势而为，抓住新的机遇。

分寸　高质量社交智慧

比如，当我们与交往对象一起相处了几年，双方都没有得到想要的生活，反而处处不和、争吵不断时，我们就应该选择放手，不再受感情的折磨。

■ 止损有道，保持理性

止损并非简单的撤退或放弃，而是一种明智的决策，目的是减少进一步的损失，并为未来的成功铺平道路。

当我们决定止损时，首先要做的是对当前的情况进行客观而详细的分析，深入了解当前的情况，从而准确地制订止损方案。接下来就要采取具体的止损行动，在行动中，我们要保持冷静和理性，不被情绪左右，不被短期利益迷惑。

例如，在经营一家店铺时，如果发现生意不景气、决定止损时，我们不应该立刻关门大吉，而是根据市场情况和自身条件，重新调

> 别这么早下结论，道路是曲折的，前途是光明的，最近就有一个新商机……

> 已经三个月入不敷出了，我们还是关张算了。

整经营策略，寻找新的商机。

放下不甘，重新开始

当一项投资没能获得回报时，已经投入的成本往往会成为我们心中的一道坎，让我们难以释怀。其实，每一次的放弃都是为了更好的开始，每一次的止损都是为了未来的成功。

真正的智者不会被过去的投入束缚，他们能够放下不甘，给自己一个重新开始的机会。这不仅需要勇气，还需要智慧和决断力。当我们放下不甘，以开放的心态迎接新的挑战时，生活往往会给予我们意想不到的惊喜。

分寸　高质量社交智慧

别太紧绷，有分寸的松弛感更自在

"你今天怎么又加班到这么晚？""这个项目非常急，我今晚必须完成。"在快节奏的生活中，我们常常被工作压得喘不过气来，仿佛每一天都在与时间赛跑。然而，过度的紧张和焦虑不仅会损害我们的身心健康，还会影响我们的工作效率和生活质量。如同长期高度紧绷的弹簧，如果不能适度保持松弛，就失去了弹性活力。

我们要学会在忙碌中寻找平衡，给自己留出一些"松弛"的空间，从而提高我们的生活质量，使我们从容不迫地面对挑战。

■ 积极规划，减少"不得不"

很多时候，我们之所以感到紧张和压力，是因为生活中充满了

> 谢谢您，受教啦，我这就写一份工作计划！

> 凡事预则立，不预则废。项目虽然复杂，但只要安排好时间，还是比较轻松的。

太多的"不得不"：不得不加班、不得不熬夜……其实，真正的松弛感来自内心的从容与淡定。我们需要学会在忙碌中抽出时间，为自己做好充分的准备，减少那些不必要的"不得不"。

例如，我们在开始一项工作前，可以提前制订好工作计划，想好突发情况的应对措施，减少各种"不得不"，让自己的生活更加有条不紊。

■ 保持冷静是一门艺术

当生活中出现突发事件时，我们往往会感到焦虑和不安，而冷静对待问题，可以帮助我们更快地找到解决方案。

处变不惊的能力不能一蹴而就，它需要通过不断的实践和训练来培养。我们需要面对困难，多从积极的角度去总结经验，这样才能在以后的应对中更加游刃有余。

分寸　高质量社交智慧

例如，我们去面试的路上遇到堵车，便可以利用堵车的时间来整理思路、整理需要的材料等。

■ 放慢节奏，掌控生活

在这个快节奏的社会中，我们往往因为工作、学习等事情，忽略了生活的美好。其实，真正的松弛感来源于对生活的掌控感。当我们对自己的生活和工作有了充分的准备和规划，并能够按计划完成每天的任务时，就可以渐渐放慢生活的节奏，给身心留出喘息的空间。

同时，我们也要学会拒绝无意义的忙碌和干扰。很多时候，我们之所以感到疲惫和焦虑，是因为过多地迎合了外界的节奏和期待。因此，勇于说"不"也是掌控自己生活的重要方式。

例如，我们每天完成工作下班后，可以去公园散步，也可以去

> 你每天晚上都来健身，工作一定很轻松吧？

> 并不是，我只是能够按时完成每天的工作而已。

健身房锻炼身体，而不是宅在家里玩手机。

■ 松弛不等于懒散

　　松弛并不意味着我们可以懒散无为，放弃对生活的追求和努力。相反，它是一种积极、健康的生活状态，让我们在忙碌中找到平衡，在挑战中找到自信。

　　我们需要在保持松弛感的同时，不忘努力奋斗，在用心感受生活美好的同时，也要朝着自己的目标不断前进。这样，我们才能在松弛与紧张之间找到最佳的平衡点，让生活变得更加充实和美好。

分寸　高质量社交智慧

心软有度，会拒绝，不让自己为难

"你文笔好，能不能帮我写一份报告？""我要去旅游，能不能帮我照看一下宠物？"很多人在面对他人的请求时，总是心软，难以拒绝。

心软是一种美德，但过度的心软、习惯性地迁就他人，不仅会让自己疲惫不堪，还可能得不到应有的尊重。面对他人的请求，我们时常陷入两难的境地：既不想让他人失望，又不想让自己为难。因此，学会适度拒绝，不让自己为难非常重要。

■ 说"不"不是什么大事

在帮助他人之前，我们需要先了解自己的能力和底线。过度的

> 小王，今天下班后能不能帮我做个表格啊？

> 真的很抱歉，我今天要赶稿，没办法帮你。

付出不仅会消耗我们的精力，还可能让我们陷入无法承受的压力中。因此，我们需要明确自己的底线，对于那些超出能力范围或者影响到自己生活的请求，应该勇敢地说"不"。

例如，当朋友请求我们在繁忙的工作日帮他处理私事时，我们可以礼貌地拒绝，并解释自己当天的工作安排。

■ 委婉拒绝，保持友善

学会拒绝他人并不是要我们变得冷漠无情，而是要学会在保护自己的同时，也尊重他人的需求。我们可以在拒绝时表达出对对方的理解和关心，用委婉的方式减少对方的失望感。

例如，当朋友邀请我们参加一个我们并不感兴趣的活动时，我们可以感谢他的邀请，并表示自己已有其他的安排。

分寸　高质量社交智慧

■ 适度迁就，提供替代方案

当我们面对亲人或好友的请求时，往往不好意思直接拒绝，但我们也不必勉强自己去满足对方。这时，我们可以先表达歉意和遗憾，再向他们提供一些建议，比如推荐其他更合适的人选或者告诉他们一些可能的解决方法。这样，我们既避免了直接拒绝带来的尴尬和冲突，又让对方感受到了我们的关心和诚意。

在提供替代方案的过程中，我们还可以根据对方的实际情况和需求，提供一些个性化的建议。比如，我们可以了解对方的具体需求，然后根据自己的经验和资源，为他们推荐一些合适的人选或机构，帮助他们解决问题。

例如，当亲戚请求我们帮忙，而我们有事无法答应时，我们可以向他们提供一些建议或帮他们寻找其他人帮忙。

> 小斌，周末你表弟要搬家，到时候你去帮帮忙吧！

> 真不巧啊，姑妈，周末我有个重要的考试，但我可以推荐一个很靠谱的搬家公司给弟弟。

保护好自己，善良才有意义

善良是美好的品质，但过度的善良却会让我们陷入困境。我们要学会在保持善良的同时，也保护好自己的利益和尊严。当他人试图利用我们的善良时，我们要勇敢地站出来维护自己的权益。

学会远离那些与我们无关的事情，能够帮助我们减轻不必要的负担，还能够让我们的生活变得更加自在和有序。

例如，当我们在公共场合遇到一些突发情况时，我们要考虑自身的能力，再决定是否要帮忙以及如何帮忙。

小张，是不是你和老板打报告了？

你这人怎么乱说！我没有！不信你问小美。

别问我，我什么都不知道！

分寸 高质量社交智慧

放过别人，也是放过自己

"你踩到我脚了！你走路不看路啊？""这么简单的事你都能忘，太笨了！"在我们的日常生活中，这样的指责和抱怨屡见不鲜。别人的无心之失，却可能导致我们大发雷霆。

人非圣贤，孰能无过？抓住别人的小错误不放，往往会显得我们小肚鸡肠。我们为何不一笑而过，大方地原谅对方呢？学会宽容，不仅是为了放过别人，也是放过自己，让人际关系更加和谐，让生活更加轻松愉快。

■ 不要拿别人的错误惩罚自己

抓住别人的过错不放，不仅会引起对方的负面情绪，还可能让

真对不起，我记错时间了！

不是什么大事，至少你没有忘记约定！

我们也陷入负面情绪的旋涡。相反，学会宽容，一笑而过，不仅能化解尴尬，还能展现我们的成熟与智慧。

例如，当朋友因为疏忽忘记了和我们约定的时间，与其大发雷霆，让彼此都产生不满，不如选择理解并原谅对方，彼此的友谊反而能更加稳固。

小幽默化解大尴尬

多数时候，原谅别人的错误，不仅不是软弱的表现，反而是大度、宽容的表现。当别人无意中犯了某个小错误，我们可以用幽默的方式化解尴尬，这样既能缓和气氛，又能体现我们的风度。

例如，餐桌上，有人不小心打碎了我们的水杯，我们可以选择责怪他，让气氛变得尴尬，也可以选择原谅，让彼此远离负面情绪。

分寸 高质量社交智慧

■ 见好就收，和谐相处

在处理人际关系时，见好就收是一种高明的智慧，当别人不小心犯了错误，并且第一时间向我们道歉时，如果这个错误并不严重，我们可以不去计较。适时的宽容可以化解矛盾，让我们获得他人的尊重。

例如，在餐厅吃饭时，服务员出错了餐，而那道菜如果我们也可以接受的话，不妨试着大度些，不要求服务员退菜。这样不仅不会给服务员增加工作量，还能体现我们的大度。

我们点的是盖饭，怎么上的是拌面啊？

真对不起，我给您重做一份吧！

没关系，刚好换换口味，拌面也很好吃。

第4章 说话知分寸：好好说话就是情商高

分寸　高质量社交智慧

把握尺度，过头的玩笑会伤人

"你这么矮，是不是小时候营养不良？""你一直单身，肯定是因为长得丑吧！"这些看似无害的玩笑，实则已经在不经意间刺伤了他人的自尊心。

在亲近关系中，我们往往认为可以无所顾忌地和对方开玩笑，然而，当玩笑失去了尺度，原本的欢乐便可能转化为尖锐的伤害。那么，如何在玩笑中把握尺度，避免恶语伤人？又如何在轻松愉快的氛围中，既能展现自己的幽默感，又能尊重他人的感受呢？

■ 玩笑别太过，不然会生祸

开玩笑时，我们要时刻提醒自己尊重他人的感受。关系再亲密，

你这发型真有个性，是不是被雷劈过？

哈哈，我这是最新的潮流，你不懂！

也不能以他人的短处或缺点为乐。一个适度的玩笑，能增进友谊，让相处更加融洽；而过头的玩笑，却可能让对方受伤并感到愤怒。因此，我们在开玩笑前，要先思考这个玩笑是否可能伤害到对方。

例如，当我们和朋友开玩笑时，一定要考虑对方的底线，我们可以调侃彼此的衣着或发型，但切忌涉及对方的身体缺陷或敏感话题。

想笑别人，先想自己

当我们想开玩笑时，先换位思考，站在对方的角度去思考玩笑可能带来的影响。有时，我们认为是玩笑的话，在对方听来可能是一种伤害。因此，我们要时刻关注对方的反应，一旦发现对方不舒服或生气，就要及时停止玩笑，并道歉。

例如，在与人相处时，我们要注意，不要开一些涉及对方短处

分寸　高质量社交智慧

的玩笑。可以先想一下，如果自己有类似短处，是否愿意被别人提及。

■ **幽默要有度，莫要伤人心**

幽默是一种智慧，也是一种艺术。当我们能够把握好幽默的尺度时，它就能成为我们人际交往中的润滑剂，让人际关系更加和谐融洽。在开玩笑时，我们要注重发挥幽默的善意，用幽默去化解矛盾、缓解紧张气氛，而不是用幽默去伤害他人。

开玩笑时，我们要尽量说一些无关紧要的话题，而不触及针对个人的外貌、能力或其他可能冒犯人的话题。例如，当我们和朋友聊天时，不小心提到对方的糗事，此时我们不应该针对这件事开玩笑，而是应该尽快转移话题。

你还记不记得他刚来的时候，不小心走进……

我突然想起来，今天是不是有新人入职？

好像是有。

■ 幽默是人际关系的润滑剂

幽默是一种强大的社交工具，它可以用来传递正能量，增进友谊。我们可以用幽默表达关心和支持，但不能用幽默去嘲笑和讽刺。因此，我们在开玩笑时，要确保我们的玩笑可以给对方带来正能量。

同时，我们也要学会接受他人的玩笑。当他人不小心开了过头的玩笑时，我们要以宽容的心态去对待，理解对方的意图，并原谅对方的失误。

严以律己，宽以待人，这种心态下的幽默，自然会让所有人会心一笑，成为人际关系中真正的润滑剂。

分寸 高质量社交智慧

善于倾听，别急着发表自己的意见

"不用说了，这件事肯定是你的责任！""听我说，我的办法才是最好的！"类似的论调，生活中比比皆是，我们总是急于表达自己的观点，却忘了倾听他人的声音。

在人际交往中，倾听往往比表达更重要。总是打断别人和急于发表自己的意见，只会让对话变得单向且无效；认真倾听和理解对方才能避免误解，达到真正的沟通效果。那么，该如何成为一个好的倾听者呢？

■ 放下自我，展现尊重

在倾听的过程中，我们首先要放下自己的主观意识和偏见，全

> 这件事导致我最近一直很烦恼，所以想听听你的意见。

> 嗯嗯，那我就说说我的看法。

心全意地关注对方的话语。不急于打断对方，发表自己的意见，而是给予对方充分的时间来表达自己的想法，这是最基本的尊重。

例如，当朋友向我们倾诉烦恼时，我们应该放下手机或手头的事情，耐心地倾听，不打断、不插话，让对方感受到我们的尊重。

共情理解，传递温暖

倾听不仅可以帮助我们更好地理解对方，还可以表达尊重和关爱。当我们认真倾听对方说话时，实际上也在向对方传递我们的尊重和关爱。虽然我们未必完全认同对方的观点或行为，但还是要保持共情，尊重和理解对方，这样对方能感受到我们的真诚，我们也能实现有效倾听。我们要保持独立的思考和判断能力，同时尊重对方的感受和立场，避免产生冲突和误解。

分寸　高质量社交智慧

当朋友向我们分享他最近的失败经历时，我们要在共情的基础上去安慰他、鼓励他。

■ 捕捉言外之意，理解深层含义

在日常交流和职场沟通中，人们可能不会直接表达自己的真实想法，而是通过微妙的语气、措辞和表达方式，间接传达他们的真实想法和需求。

在职场中，领导们更是常常运用"弦外之音"来批评或提点员工。这种含蓄而微妙的沟通方式，需要我们在认真倾听之余具备敏锐的洞察力和理解力。

比如，当领导在会议上提到某个项目需要改进时，他们可能不会直接点名批评，但话语中透露出的不满和期望已经非常明显。这

时候，我们就需要认真反思自己的工作，找出问题所在，并积极寻求改进的方法。

听说结合，适时反馈

有效的沟通是听说结合的过程。在交流中，适时地给出自己的反馈，不仅能让对方感受到我们的关注和尊重，还能提高我们的参与度，促进双方的交流。回应的方式不拘一格，可以是点头、微笑、提问等，但一定要真诚、自然。

例如，当家人向我们分享一些生活琐事时，我们要适时地给予回应，表达我们的关心和理解。这样不仅可以增进家人之间的感情，还可以让家庭氛围更加和谐融洽。

我跟你说，我今天看见一件有趣的事！

您快说，我把瓜子都准备好了！

分寸　高质量社交智慧

点到为止，话说一半留一半

"放心交给我吧！我一定圆满完成！""我跟你说心里话，我……"人与人之间的交往如同一场精心编排的舞蹈，每一个动作、每一句话都需要恰到好处。然而，有些人说话总是过于直白，毫无保留，结果往往适得其反。

"话到嘴边留半句"，不把话说尽的人，才是真正聪明的人。留一半，是避免把话说得太绝、太满；说话不留分寸的人，做事往往也难以圆满。因此，我们必须学会在言语间掌握分寸，点到为止。

■ 话不说绝，事不做过

在表达个人观点或接受任务时，应当避免使用绝对化的语言。

绝对化的语言通常过于武断，缺乏灵活性，可能会引起不必要的争执或尴尬。采用更为温和、留有余地的表达方式，不仅能够展现出我们的专业素养和谦逊态度，还能够获得他人的理解与合作。

在领导向我们委派工作时，即使我们有十足的把握，也要委婉地表达，不可满应满许、大包大揽。

面对不同的人要注意说话方式

在与人交流时，当面对不同的人时，我们就要注意说话方式。当面对的是关系较浅的人时，我们应该保持礼貌和尊重，避免涉及过于私人或敏感的话题；当面对的是熟悉的朋友或家人时，我们可以更自然地分享彼此的想法和感受。

当然，在与不同的人交流时，我们还需要使用不同的语气、表情和姿态等非语言因素，这些因素同样能够传递我们的态度和情感，影响交流的效果。

分寸　高质量社交智慧

例如，与新同事交谈时，可以聊聊共同的兴趣爱好，而不是直接询问对方的隐私或敏感话题。

■ 重复说教是人际关系的毒药

在与人交流时，我们要避免喋喋不休地重复同一观点或反复地说教。这样不仅会让谈话变得乏味，还会让对方感到厌烦。相反，我们应该用简洁明了的语言表达自己的观点和想法，点到为止，让对方自己去领悟和思考。

当朋友遇到困惑或问题时，我们不必过于详细地分析利弊得失，而是给予对方一些建议或启示，这样往往比长篇大论更能引发对方的思考。

这篇论文我已经修改6次了，还是没通过！

从另一个角度看，这会让你的论文更加完善。

顾及情面，给人台阶下

在人际交往中，我们要学会顾及他人的颜面，尤其是在说出一些批评性较强或者比较尖锐的话时，即使我们有充分的理由和依据，也要尽量用委婉的方式表达出来，避免引起冲突或伤害到对方。

点到为止，让对方自己去领悟和反思，往往比直接指责和批评更能达到教育和提醒的效果。

例如，在指点新同事的工作时，我们可以先肯定对方的优点，然后再提出改进建议，避免直接指出对方的缺点。

> 老师，您看看我这篇稿子写得怎么样？

> 不错，思路很清晰，不过我觉得要是文风再成熟一些就更好了。

分寸 高质量社交智慧

学会接话，不做话题终结者

"你最近怎么样？""嗯，就那样吧。"这样的对话往往让人感到尴尬，因为它很快就陷入了僵局。在人际交往中，接话是一项重要的沟通技巧。有些人总是轻易地终结话题，让对话陷入尴尬和沉默，而会接话的人则能让对话如行云流水般顺畅进行。他们不仅理解对方的意图，更能根据对方的言辞和情绪做出恰当的回应，引导话题深入发展。那么，如何学会接话，避免成为话题终结者呢？

■ 积极回应是沟通的灵魂

积极的回应能够有效促进谈话的持续和深入。在一次良好的对

话中，积极回应不仅是对对方话语的尊重，更是对对方情感和思想的认同。

当我们认真倾听对方的话题时，我们的回应应该体现出对话题的兴趣和关注。无论是点头、微笑，还是简单的"然后呢""这样啊"等回应，都能鼓励对方继续分享。而当我们进一步提出相关问题或分享自己的相似经历时，对话便能进一步展开，双方之间的情感联系也会因此加深。

例如，当朋友向我们分享他最近取得的成就时，我们可以对他的成就表示认同或称赞，然后反问对方一些细节，让对话继续下去。

别让话题"掉地上"

会接话的人不仅善于倾听和回应，还善于引导话题。当对话出现冷场或即将冷场时，他们往往能巧妙地提出一些新的问题或观点，

分寸　高质量社交智慧

使对话得以继续。这样不仅能够避免尴尬和沉默，还能让对话更加有趣和深入。

当我们和朋友闲聊时，如果话题即将结束，我们可以提出一些相关的新话题，或者将话题深入，引导对方继续分享自己的看法和感受，使对话得以延续。

■ 转移话题，化解尴尬

当我们察觉到对方在某个话题上感到尴尬或不适时，我们不应该继续当前的话题，而是应该巧妙地改变讨论的方向，这样可以迅速缓解紧张的气氛，使对话重新变得轻松和愉快。

新话题应该与之前的讨论内容有一定的联系，以便过渡更加自然。同时，新话题也应该符合双方的兴趣和背景，确保对话能够顺

你们听说了吗，隔壁部门的……

对了，楼下新开了家奶茶店，你们想不想去尝尝？

利进行。例如，如果我们原本在讨论体育话题，而对方对此不感兴趣时，那么，我们可以将话题转移到时下热门的新闻或彼此的共同爱好等。

■ 尊重差异，避免争执

在对话中，我们难免会遇到与自己观点不同的人。此时，我们要学会尊重差异，避免争执。我们可以表达自己的看法，但也要尊重对方的观点，不要试图说服对方接受自己的意见。如果对话出现分歧，我们可以尝试转移话题或者寻求共同点，以缓解紧张气氛。

例如，当对方提出一个与我们不同的观点，有可能引起争执时，我们可以迅速提出一个新的问题或话题，将谈话引导至别处，避免不必要的争执。

分寸　高质量社交智慧

口下留情，别专挑对方的痛处戳

"你这么胖，肯定找不到对象。""就凭你？肯定不行的！"这样直戳人心的言语，就像一把锋利的刀子，能轻易地戳破他人的自尊。每个人都有自己不愿被提及的痛处，然而，总有些人对此视而不见，他们总以调侃或玩笑的形式，无形中伤害他人的自尊。他们却未曾想过，这样的行为不仅会让对方感到痛苦，还会破坏彼此的关系。那么，如何掌握分寸，避免触及他人的痛处，真正做到口下留情呢？

■ 打人不打脸，骂人不揭短

人人都有痛处，在我们想要嘲笑或攻击他人时，我们应该先设

唉，我为这次面试准备了好久，没想到初试就被刷下去了……

这个岗位竞争确实很激烈，你可以再去另一家公司试一试。

身处地地考虑对方的感受。想象一下，如果别人对我们说出同样的话，攻击我们的痛处，我们会有什么感受？这样的思考能够让我们体谅他人，说话更加谨慎，避免说出伤人的话。

例如，当朋友在工作上遇到挫折，向我们倾诉时，我们要尽力避免提及对方的能力或缺点，而是安慰他时运不济等。

他人的隐私是交流的禁忌

在交往中，我们需要了解对方的经历和感受，避免提及可能引发痛苦的敏感话题。每个人都有自己的过去和经历，有些事情或许早已成为他们心中的伤疤。如果在交流时尊重对方，避免提及这些话题，就能避免不必要的冲突和伤害。

例如，得知朋友刚经历了一段失败的恋情，我们就应该在与朋友聊天时避免提及恋爱或相关话题，以免让对方感到痛苦。

分寸　高质量社交智慧

用幽默化解尴尬

对话中，当我们不小心触及他人的痛处时，可以用幽默来化解尴尬，也要及时向对方道歉，说明自己的无意之举，并表达自己对对方的关心和支持。这样不仅能够缓解紧张的气氛，还能够让对方感受到我们的诚意和善意。

例如，在聊天中不小心提及了朋友的敏感话题，我们应该用幽默的语气向朋友表示歉意，这样既能够化解尴尬，又能够维护彼此的关系。

不是胖，只是衣服比较贴身。

我穿这件衣服会不会很显胖？

第5章 同事有分寸：

点到为止，职场越走越顺

分寸　高质量社交智慧

关心有分寸，比"自来熟"更讨喜

在芬兰，有一个很有趣的现象：乘客乘坐公交车时，哪怕旁边还有一个空位，都不会坐在已经落座的人身边，排队等车也几乎相隔一米距离，每个人都在做自己的事，看报纸、读书、看手机或是放空。

职场中也是如此，我们会遇到各种各样的同事，如何与他们相处，建立起良好的关系，则是一门需要学习的艺术。其中，有分寸感的关心，往往比"自来熟"的过度热情更讨喜。

■ 了解界限，尊重个性

每个人都有自己的界限与个性，关心同事前首先要了解并尊重

这些差异。

界限并非隔阂，而是相互尊重的体现。当我们真正了解同事的忌讳，就能避免在关心时触碰到他们的敏感点。

同时，尊重个性也意味着给予同事足够的空间，让他们展现真实的自我。这样的关心不仅不会让同事感到压抑，反而能够增进彼此的了解与信任。

例如，在同事极度伤心、需要自己冷静时，我们默默为他倒一杯水比直接说教更让人舒服。

细心观察，适时关心

关心同事并非一味地嘘寒问暖，而是需要细心观察，适时出手。在日常工作中，我们要留意同事的情绪变化和工作状态，当他们遇到困难时，及时给予帮助；当他们取得成就时，给予真诚的祝贺。

分寸　高质量社交智慧

这种基于细心观察的关心，不仅能让同事感受到温暖，还能让他们看到我们的用心与真诚。

■ 保持真诚，避免虚假

真诚是关心的基石。当我们关心同事时，要保持真诚的态度，避免为了迎合他人或显示自己的热心而做出虚假的关心。

真诚的态度能够让我们与同事建立起深厚的信任关系，让他们感受到我们的关心是出于真心实意。

同时，我们也要避免过度吹捧或贬低同事，保持客观和公正的态度，让关心更加纯粹与真挚。

我要向你学习。

小李，我就知道你能行的。

你可真厉害！

你俩不是才认识嘛！

适度表达，避免过度

关心同事时，表达方式的适度同样重要。过度的关心可能会让同事感到压力和不适，甚至产生反感。

在表达关心时，我们要控制好自己的情绪和言辞，避免过度夸张或情绪化。适度的关心能够让同事感受到我们的温暖和关怀，同时也不会给他们带来负担。我们可以通过简单的问候、适时的帮助以及真诚的倾听来表达关心，让同事感受到我们的用心与尊重。

分寸　高质量社交智慧

不做"烂好人",建立自己的边界

在职场中,我们每个人都喜欢好人,欢迎好人,期望遇到好人,也想让自己成为好人。因为好人不具侵略性,不会伤害别人,甚至有时还会为了别人的利益而让自己吃亏。但好事难为,好人难当。如何才能把握好自己做"好人"的分寸,这就需要我们建立自己的边界,不做"烂好人"。

■ 明确边界,不做"烂好人"

在与人交往时,我们需要明确自己的原则与底线,并坚决守护

刘哥,让你帮个忙,你肯定不会拒绝我吧?

休息时间不谈工作!

它，不当"烂好人"。例如，同事经常请求我们帮忙完成不属于我们职责范围的任务，我们应该审视这些请求，对于不合理或超出能力范围的请求，勇敢地说"不"。通过明确个人边界，我们可以保护自己的时间和精力，确保能够高效地完成自己的本职工作。

学会适度付出，保持心理平衡

在职场中，我们若总是过度付出，不顾自己的感受和需求，长此以往便会导致心理失衡，影响我们的幸福感和生活质量。

我们应该学会在付出与自我之间找到平衡点。这需要我们学会适度付出，确保自己的利益得到保障。可以给自己设定一些合理的界限，如在工作时间内先做好自己的事，之后再帮助他人；或者在面对他人的请求时只给予指导等。通过适度的付出，可以让我们在帮助他人的同时，也使自己的感受与需求得到保障。

分寸　高质量社交智慧

■ 拥有被讨厌的勇气

在职场中，我们需拥有被讨厌的勇气。这并不意味着我们要变得冷漠无情，而是要学会在适当的时候说"不"。我们的时间和精力有限，应该用在真正值得的人和事上。

我们可能经常遇到同事请求帮忙完成项目，若不想答应时，不妨直接拒绝。如果觉得过于冷漠，也可以给他提出一些指导建议。虽然开始的拒绝很可能会让同事感到失望，但他们会逐渐理解并尊重我们的决定，否则一味纵容可能让同事得寸进尺。

■ 善良中带点刺儿

如果同事发现我们是一个极好说话的人，找我们帮忙极容易，

> 老刘，这个项目也太难了，帮我做了吧！

> 你可以去问问老林，以前是他一直在负责这类项目。

那么，他们可能会越来越习惯我们的付出，越来越肆无忌惮地向我们提出帮忙的要求，而不再有感激之心。所以务必要善良中带点刺儿，或多或少要让对方付出物质或精神上的代价，让我们的付出有价值。

如果同事总是找我们帮忙，我们可以这样和他说："帮忙可以，不过没有一顿大餐可解决不了。"或者，"作为交换，那你就帮我做这个项目的演示文稿吧！"

善良是珍贵的，但善良没有长出刺儿来，那就是软弱，正如余华老师所言："当我们凶狠地对待这个世界时，这个世界突然变得温文尔雅了。"

分寸　高质量社交智慧

不做超出自己能力范围的事

在工作中，有许多我们力所能及而且应该做的事。同时，在有些时候，也有一些我们不该做的、超出能力范围的事。这些事可能关系到我们的切身利益，同时还要顾及人情、面子、人际关系。因此，在做与不做之间，我们要做好选择、把握好度，不做超出自己能力范围的事情。

■ 客观评估自身能力

在生活的舞台上，我们要扮演好自己的角色，不要盲目自信，去做超出能力范围的事情。若为顾及面子，勉为其难做了超出自身

嘿，你帮我个忙呗，就是……

婉拒了哈！

能力的事，恐怕只会让自己受累，而且结果往往适得其反。

当我们选择去帮助他人或他人需要我们的帮助时，首先要做的就是衡量这件事是否在自身的能力范围之内。若在能力范围内，大可接受这一请求，如果已经超出了自身的能力范围，需要直接拒绝，可以这样说："抱歉，这件事不在我的能力范围内，恐怕帮不到你什么了。"

不帮超出自己能力的忙，实际上是对自己和他人都做出了最优的选择。这不仅不会让我们感到为难，也为他人提供了新的选择。

■ 夸下海口，还不如老实拒绝

有的人为了使别人对自己有个好印象，或为了保全自己的面子，或为给对方一个台阶，往往对对方提出的一些要求不加分析地接受。但不少事情并不是我们想办就能办到的，有时受各种条件和能力的限制，一些事很可能完不成。因此，当同事或领导提出托我们办事的要求时，我们首先得考虑自己是否有能力办成，如果办不成，我

分寸　高质量社交智慧

们就得老老实实地说："我不行。"

随便夸下海口或碍于情面勉强答应都是不明智的做法。明明办不成的事却承诺下来，到时不仅让人失望，还可能耽误他人的事情。如果我们办不成，他可能找别人办或想其他的法子，但我们答应了却没有办，这样做就会伤感情，甚至他人还会觉得我们是一个"伪君子"。

■ 许诺要掌握分寸

有时，出于难为情，对于别人提出的请求没法一口回绝。在这种情况下，许诺就要掌握分寸，应根据不同的情况采取不同的许诺方式和方法。

对于有把握的事，或者我们对情况很了解，估计许诺后有把握实现，那么就干脆把话说"死"。这种许诺能给人不容置疑的印象，给对方先吃一颗"定心丸"。对于把握不大的事采取弹性的许诺方式，把话说灵活一点，使之有伸缩的余地。如使用"尽力而为""尽

刘哥，帮忙写份方案呗！

今年档期满了，明年我尽可能帮你做一份……

最大努力""尽可能"等有较大灵活性的字眼。这种许诺能给自己留下一定的回旋余地，聪明的人也会听懂我们隐含的意思。

■ 明确职责范围，避免过度揽责

在职场中，明确个人职责范围是确保工作顺利进行的关键。每个人都应该清楚自己的职责边界，避免过度揽责或推诿。

在实际工作中，有些人可能会因为担心被他人看作不负责任或不够积极而过度揽责。这种行为不仅会给自己带来过多的工作压力，还可能影响整个团队的协作效率。因此，我们要学会合理划分工作边界，只承担自己职责范围内的工作。当遇到超出职责范围的任务时，应及时与上级或同事沟通，明确责任归属和分工，以确保工作的顺利进行。

小张，你把这次会议做个记录发给大家吧！

领导，这不在我职责范围内，您还是让助理做吧！

分寸　高质量社交智慧

与其讨好别人，不如坚守自己

在职场中，我们常常陷入一个误区，以为通过讨好他人就能够获得更多的认同和机会。然而，这种外在的迎合往往忽视了自我价值的坚守。所以，与其费尽心思去讨好别人，不如静下心来，思考自己的核心信念和价值观。当我们自信地维护自己的内在品质时，也会在职场中散发出独特的光芒，吸引真正与我们志同道合的人。

■ 坚守个人原则，塑造个人磁场

在职场中，与其费尽心思去讨好他人，不如坚守自己的原则和价值观，塑造个人磁场。

随着时代的快速发展，职场的竞争也愈发激烈，但真正的成功并非建立在取悦他人上。竞争要有度、有术，职场上为人处事更要讲究原则、进退自如。在职场中，我们应该明确自己的职业定位和发展方向，守好底线，坚持自己的专业能力和独特见解，以此把握更多机会。

只有与众不同，才能不可取代

公司内可能有拉帮结派、搞小团体的现象。这种情况下，你的不扎堆、"独来独往"反而能加速自己的成长。一些人以为跟在那些职场"老油条""实力派"身后，就可以占一些便宜，受到保护。表面上看，似乎是这么回事，但这其实是在消耗我们的潜力。

越是人云亦云，越容易失去自己独立思考的能力。何况我们若一直活在别人的光芒下，就展示不了自己的风采，还容易助长拖

分寸　高质量社交智慧

延、畏首畏尾的坏毛病。在职场中，懂得彰显自我价值，打造个人独一无二的处事风格很重要。可以试着将自己当成一个产品去经营，而我们的"品牌优势"必须建立在我们与其他同事"差异化"的基础上。

提升自身实力，吸引磁场共振

有人说："职场如后宫，佳丽三千，人心复杂，风云诡谲。"但对于职场新人来说，如果受这句话影响，真将职场当成一场你死我活的"宫斗剧"，只能有害无益。

职场上的竞争不可避免，想要脱颖而出还是要靠自身实力。短期来看，花五分心思和十分心思收到的回报是一样的，可从长远来看，花更多的心思其实是在为未来那稍纵即逝的机遇做准备。只有耐心耕耘，做好充分的准备，才能得到幸运女神的眷顾。反之，只

会被轻而易举地踢出局，连触碰机遇的资格都没有。

做好手头的每一份工作，认真对待每一项小任务，将每一件小事都处理得超越大家的预期，提升自身的实力，才能吸引磁场共振。

■ 建立人脉网络，拓展磁场范围

在职场中，人脉资源的重要性不言而喻。与其过度讨好他人，不如用心经营自己的人脉网络，拓展自己的磁场范围。

我们可以通过参加行业活动、加入专业组织、与同行交流等方式，结识更多志同道合的人，建立广泛的联系和合作。同时，我们也要注重维护已有的人脉关系，保持定期的沟通和交流，增强彼此之间的信任和了解。通过不断拓展人脉网络，我们可以更好地把握职场机遇，实现个人和团队的共同发展。

分寸 高质量社交智慧

别把自己当成"救世主"

只要不想当"救世主",就能避免大部分的烦恼和精神内耗。要知道,我们的精力和能力是有限的,这个世界上绝大多数的人和事都和我们无关,我们不了解他们,也帮不了他们,更改变不了他们,强行去"拯救"他们,只会让我们慢慢失去自我,陷入无尽的疲惫和迷茫中。所以,生命注定是一个人的事,千万不要妄想去做他人的"救世主"。

■ 不要将自己的意愿强加给别人

工作中,难免会遇到同事的工作方式、工作结果与我们的心理

你这样是不对的……

我一直这样啊,没出过什么问题……

这是又想改变别人了?

预期不符的时候，此时我们往往就忍不住想去纠正，试图让同事按照我们的想法、意愿开展工作或者解决问题。其实这样的做法非常令人厌烦，同时也可能会给自己带来麻烦。

每个人都是独立的个体，都有自己独立的思想，我们看不惯的，或许正是同事喜欢的。我们在将自己的意愿强加给对方的时候，倘若碍于同事关系，对方接受了，可最终却没能为他带来更好的工作效果，甚至还导致他陷入了困境，那最后尴尬和愧疚的就是我们自己了。倘若对方不接受，不仅我们会尴尬，还会直接影响到彼此间的关系。

所以，我们一定要克制将自己的意愿、想法强加给同事的欲望，甚至连想都不要想。

尊重他人成长，避免越俎代庖

每个人都有自己的成长轨迹和速度，我们应该尊重他人的选择

分寸　高质量社交智慧

和努力。不要总想着去拯救他人，因为过度干预反而会阻碍他们的成长。我们切勿越俎代庖，试着替他人解决问题。

在工作中，当看到一个团队成员在处理任务时遇到困难，而我们知道他有能力自己解决时，要鼓励他尝试自己找到解决方案，而不是立即介入。

管好自己，不渡他人

在生活中，最大的清醒就是管好自己，不渡他人。我们需要将注意力集中在自己的成长和进步上，而不是过度关注他人的问题或试图改变他人。要克制自己纠正他人的欲望，很多事情就算你是对的，也无须证明别人是错的。

第6章 亲人讲分寸：允许家人做"别人"

分寸　高质量社交智慧

爱和关心要有度，别费力不讨好

与家人相处也不可百无禁忌，别越了界限，失了分寸，坏了规矩。要知道，人都是独立的个体，给彼此空间和距离，相处起来才会觉得舒服、自在。爱和关心是一把双刃剑，用得适度可以增进亲情，过度则可能适得其反。因此，我们要在爱与关心的表达上把握好分寸，避免费力不讨好。

■ 适度关心，体现尊重

在家庭关系中，适度关心是维系亲密和谐关系的关键。我们应

妈妈，我已经长大了，我也有自己的隐私空间！

你这贴的是什么啊？

请随手关门，有事请敲门！

尊重每位成员的独立性和个人空间，避免过度干涉和束缚。过度的关心往往会带来压力，反而破坏亲密关系。当然，关心和帮助同样重要，它应表现为理解、支持和陪伴，而非简单的干涉。

在表达爱和关心时，我们应把握分寸，让其成为增进家庭关系的纽带，而不是破坏家庭和谐的利刃。

培养独立性和自我满足感

在家庭关系中，培养独立性和自我满足感至关重要。独立性意味着个人在生活和情感上都能自主，避免过度依赖家人，从而为自己和家人创造更多成长空间。自我满足感则让我们从自身找到乐趣，减少对家人的过分期待，保持内心的平和与自足。

你们不用看了，这都是我的东西，从今往后我要开始学会爱自己啦！

那我和爸爸呢？您不爱我们了吗？

只要妈妈高兴就好！

分寸　高质量社交智慧

■ 避免过度关注，学会适当放手

过度关注往往源于对家人的深深爱意，但这却可能让家人感到束缚和压力，限制了他们的成长与自由。

家人是独立的个体，他们有自己的思想、情感和选择。我们应该尊重他们的独立性，给予他们足够的空间和信任，让他们能够自由地探索和发展。这就需要我们学会适当放手，让家人感受到我们的信任和支持，从而更加自信地面对生活的挑战。

适当放手并不意味着放任不管。我们仍然要关心家人的生活和情感需求，可以定期与父母聊天，询问他们的身体、情绪和生活状况，及时为他们提供帮助，让他们感受到温暖和关爱。在关心时，要尊重他们的感受和选择，避免将自己的意愿强加给他们。

陶陶，走，跟爸爸一起去修墙面！

陶陶还小，怎么能和你去修墙面呢！来，爷爷抱着！

爷爷，我已经长大了，可以帮爸爸干活了！

保持理性，不被情绪左右

心理学上有一个"12秒效应"：人被某件事情引起暴怒的时间只有12秒，过了这段时间人会恢复平静。同理，当我们急切地想要干涉家人的事时，也不妨试试12秒效应：深呼吸，数到12。等理智恢复过来，我们会发现，其实事情离了我们未必不行，家人完全可以做出明智的决定。

分寸　高质量社交智慧

"我都是为你好",也可以听听

"我都是为你好",这句话不知扼杀了多少人自己选择的机会。事实上,当人生面对重大转折点的时候,亲人都会在我们的耳边不断地重复这句话,并且附带一些自己的意见和建议。这或许是一种道德绑架,但我们也不能完全无视这句话及其连带的建议。

■ 学会拒绝不负责任的道德绑架

"我都是为你好",这句话是多少人的痛点,很多时候,别人以"为你好"之名对我们进行道德绑架,却忽视了我们的真实想法。

我们应坚守自己的判断与选择,敢于承担自己的决定。当面

> 妈妈,感谢您为我做的一切!但我不想再看到您为我牺牲了……

> 我是为了你才推掉了……

> 要不是你,我早已开始享受大好年华了!

> 我这么辛苦,还不是为了你!

> 你快争点气吧!

对"我都是为你好"的言论时，我们首先要表达感谢，但同时要保持理智，学会找别人话中的闪光点。若我们有更成熟的见解，就应勇敢表明自己的观点，让对方理解我们的意图。只有这样，我们才能真正维护自己的权益，同时也能促进健康、和谐的人际关系的建立。

培养理解与共情

从道理上讲，亲人为我们考虑，我们应当保持应有的尊重。但对于未来，无论是长辈还是自己的看法，都只是一种预期。在这种情况下，讲道理并不能起到决定性的作用。

沟通时，可以与长辈培养理解与共情。我们不妨先对他们的好意表示感谢与理解，并认同他们的经验。如果他们的建议有可取之

分寸　高质量社交智慧

处，就要虚心采纳并改进自己；反之，如果他们的建议实在没有价值，就告诉他们时代有变化，年轻人也有了更多的选择与可能。

■ **放下极限拉扯，证明自己**

很多时候，长辈之所以要安排我们的人生，究其根源，是因为在他们眼中，我们仍是不成熟的孩子。面对这种情况，激烈的反抗非但不是明智之举，还会显得我们不成熟。

若想回绝长辈的意见，我们就应展现出成熟的一面，自信地告诉对方，我们已是能对自己负责的成年人，有能力为自己的选择负责，并且详细地说出自己对于未来的规划。这样的态度不仅尊重了长辈的关心，也展现了自己的独立与成长。

■ 别害怕，勇敢主宰自我

从小到大，我们往往习惯了家长的安排而难以自主，长大后也常因害怕而妥协。但我们要清楚，我们是自己人生的主人，人生短暂，要勇敢主宰自己的人生。当我们犹豫不决时，父母可能会更加强势，因此，我们要自信地表达自己的想法和感受，让父母看到我们的价值。对于"我都是为你好"之类的建议，我们不能受舆论裹挟，一概斥之为"糟粕"，完全充耳不闻；也不能奉之为金科玉律，照单全收。而要认真倾听后仔细甄别，从而"取其精华，去其糟粕"。

话说回来，长辈的建议毕竟也只是建议，我们的主宰还是自己。不要过于在乎他人的眼光，要坚定地走自己的路。失败并不可怕，从头再来便是。重要的是内心的快乐和满足。所以，请勇敢地为自己的人生做出选择，追求属于自己的幸福。

分寸　高质量社交智慧

主客关系理清，高情商处理婆媳矛盾

自古以来，婆婆与儿媳妇之间就像隔着一条很难逾越的鸿沟，有多少相依相伴的夫妻没在彼此的感情上出现问题，却在婆媳关系面前吵得不可开交，甚至闹到以离婚收场的境地。所以在婆媳相处中，一定要掌握分寸，理顺主客关系，避免越俎代庖，以免埋下产生冲突的隐患。

■ 明确角色定位，互相尊重

明确和尊重各自的角色定位是化解婆媳矛盾的关键。婆婆作为长辈，应该受到尊重，儿媳妇作为年轻的家庭成员，也应该被理解。双方都应该明确自己的责任与义务，避免互相干涉。清晰的角色定

> 想生就生，不生拉倒，反正我家没有皇位要继承。

> 哎？你家儿媳妇还不生孩子啊？

位可以减少误解和冲突,让婆媳关系更加和谐。

另外,婆媳关系和谐的基础是相互理解和尊重。婆婆应尊重儿媳妇的独立自主性,儿媳妇应尊重婆婆的意见和经验。只有双方都能够在各自的角色中找到平衡点,才能减少误解和冲突,建立起和谐融洽的婆媳关系。

■ 把彼此当客人,保持好"一碗汤"的距离

俗话说:"姑爷是门前贵客。"这一个"客"字,道出了关系的本质。换句话说,只要摆正自己的位置,就不会在相处中总是矛盾重重。反过来说,在婆媳相处这件事上,也应该如此。

所以,大家不妨将彼此当成客人对待,你的婆婆,就只是你的婆婆;你的儿媳妇,就只是你的儿媳妇。要接受并承认这一"事实关系",避免掺杂自己的幻想,扭曲了事实上的关系,这样能够找到正确的相处模式。

分寸 高质量社交智慧

▌跳出对方的逻辑框架

婆媳产生矛盾时，往往会不小心跳入对方的逻辑框架。身为儿媳妇，面对婆婆的指指点点，不论选择回怼还是默默忍受，都只会让问题越积越多，情绪也跟着波动。

跳出这个逻辑圈并不难，保持冷静和礼貌是关键。如果婆婆说得有道理，那就大方地改正，这样还能改掉自己的小毛病，何乐而不为呢？如果她说得不对，那就一笑而过，坚持自己的正确做法。

总之，不要被对方的节奏带跑，要坚持正确的原则，婆媳关系也能变得轻松愉快！

■ 让不合理期待归零

当一个新的家庭建立时，婆媳双方都会对彼此抱有期待，但现实总是与理想存在差距，期望越多，失望就越大。在婆媳关系中，要允许彼此的"不喜欢"，允许彼此有分歧。

另外，良好的交流也很重要。所以，不妨在一开始将自己的禁忌和底线告知对方，让对方了解自己的习惯和弱点。同时，也可以主动询问对方喜欢什么、讨厌什么，对自己的期待又是什么，以避免日后产生诸多矛盾。

分寸　高质量社交智慧

夫妻亲密有"间"，感情才能"保鲜"

"我爱你！"

"你爱我就查我短信，你爱我就关注我的一举一动，你爱我就给我装个摄像头，我就像待在监狱里……"

这段对话中，女主人公对男友爱得越来越狂热，让男友喘不过气来，他恐怕会选择离开。其实，爱不仅是缠绵狂热的风，也是平静深沉的海。有时我们越是将心思倾注于另一半身上，感情便会越糟糕。要想感情"保鲜"，一定要给这段关系留有空间。

■ 再相爱也要彼此尊重

相爱容易相处难，把握边界是关键！边界太松，容易被别人影

响；边界太紧，又难以建立信任。其实，要想甜蜜不失控，最重要的就是彼此尊重。

首先，爱自己才是硬道理。不要想着时刻与对方形影不离，即使双方已经步入婚姻的殿堂，也是两个独立的个体。既要相互陪伴，也要保留彼此的个人空间；其次，给对方足够的尊重也很重要。给对方留点私人空间，有时候当个"外人"也不错。比如，不打扰对方工作，在对方需要的时候再立刻出现，展示自己的温暖和贴心。

■ 给爱人最好的礼物是自由

其实，就像看连续剧一样，中途设置的广告让你不会那么累。爱情也是一样，越是爱得偏执，越容易得到相反的结果。所以，在婚姻中，不妨在中途设置一条"广告"，试着离开对方一会儿，忙一忙自己的事情。

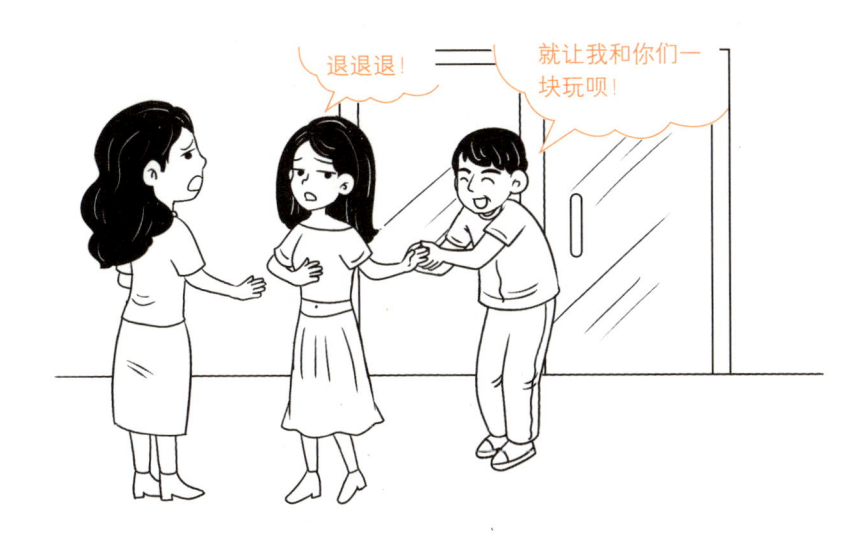

分寸 高质量社交智慧

■ 在感情中，回归自我

在现实生活中，相敬如宾的夫妻关系其实更长远。爱情至上的人往往容易失去自我，不被珍惜。在爱情中，不要因为对方而放弃或改变一些东西，而是应当在这段感情中找到自我。

可以试着不被婚姻束缚，将大把时间花在自己的身上，比如旅游、健身、多交一些朋友、多为事业倾注精力……尝试对自己的关注多一些，对伴侣的束缚少一些。慢慢地，在这段感情中找到自我，婚姻也就不再是一座围城。

■ 不期望，就不会失望——降低心理预期

爱，不需要轰轰烈烈。平平淡淡的温馨，细水长流的感动，才是最好的保鲜方式。

别期望爱情总是浪漫、热情，那样只会增加自己的失落感，让自己陷入矛盾中。两个人的感情，不可能总像开始那般，再怎么深爱，最终也要回到现实中。

放下对爱情过高的期望，试着用各种方式充实自己。读一本好书，学一项技能，独自去一次三亚、拉萨、成都……或者任何一个向往的城市，将对爱情的期望化作对生活的热情，在日常生活中释放出来。

分寸　高质量社交智慧

允许孩子表达自己内心真实的想法

俗话说："天下哪有不爱孩子的父母？"爱孩子并没有错，可是哪怕世间最深沉的爱，如果失去界限，也会让人感觉身陷囹圄。

父母是孩子在成长道路上的引导人与保护者，如果父母没有距离感，过度干涉孩子，很可能让孩子养成依赖的性格。所以，在与孩子相处的过程中，也要讲分寸，允许孩子做自己。

■ 爱有界限，切勿过界

许多父母深受传统观念影响，总以为"亲密无间"才是亲子关系的真谛。于是，他们常以爱的名义，向孩子灌输自己的观念，甚

至替孩子做决定。其实,他们不知道,爱也有界限,这种"深沉"的、无界限的爱可能阻碍孩子的健康成长。

爱孩子,就要懂得放手。孩子就像破土而出的小苗,需要独自面对风雨。父母应是孩子成长路上的引导者,而非决策者。父母只要站在合适的位置,确保孩子不偏离正道,不被"虫害"侵扰,他们就能茁壮成长,迈向成熟。

多倾听孩子

倾听是家庭关系中不可或缺的一环,有时候可能比表达更重要。家长若忽视倾听,可能让孩子感觉到被忽视,甚至给孩子带来伤害;反之,用心倾听则能安抚孩子的心灵。

倾听不仅是理解孩子想法的过程,更是家长给予孩子爱与支持的体现。家长应尊重孩子的个性发展,允许他们表达自我,不轻易替孩子做选择。成长中的孩子如同树苗,需修剪枝叶而非强行塑形。

分寸　高质量社交智慧

因此，家长耐心倾听孩子的表达，尊重并了解孩子的想法，亲子关系会更加和谐融洽。

■ 避免总是"以爱之名"做事

父母常以爱孩子的名义，为孩子做一些事情，但若这件事非孩子所愿，这能算真爱吗？父母可能没有意识到，他们只是在追求自身期望的爱的满足，而非给予孩子所需的爱。

这样的父母需要分清欲望与真爱的差异，世上没有谁是另一个人的复制品，每个人都是独一无二的。例如，父母强迫孩子实现自己未曾实现的梦想，或当孩子选择不同道路时加以阻挠，这不仅无法体现爱，反而可能在孩子心中埋下不满与怨恨。长期压抑，可能引发冲突甚至伤害。因此，父母应真正理解孩子的需求，以真正的爱去引导他们。